AF401288

DE LA LIBRAIRIE.

SAINT-CLOUD. — IMPRIMERIE DE BELIN-MANDAR.

DE
LA LIBRAIRIE,

SON ANCIENNE PROSPÉRITÉ,

SON ÉTAT ACTUEL,

CAUSES DE SA DÉCADENCE, MOYENS DE RÉGÉNÉRATION,

PAR J. HÉBRARD.

Paris,

LIBRAIRIE DE J. HÉBRARD ET Cie,

RUE DE SAVOIE, 13.

1847.

DE LA LIBRAIRIE.

La douleur dans l'enfantement est la plus inévitable de toutes les conditions attachées à l'espèce humaine. Aucune grande idée, aucune découverte utile ne peut naître, passer de la théorie à l'application, sans que la transition constitue un état de souffrance. Quelle religion n'a pas eu ses martyrs! Quelle révolution, même utile, n'a pas commencé par joncher le sol de débris et de misères! Quelle industrie n'a pas eu ses doléances!

Quand l'art de l'imprimerie apparut, vers le milieu du xve siècle, comme une innovation immense, mais dont aucun esprit n'aurait pu calculer la portée dans l'avenir, son effet le plus immédiat fut de porter la ruine et la désolation dans toute une armée de copistes, dont le nombre en France ne s'élevait pas à moins de vingt mille. Ce fait, devenu sans importance, en avait une très-grande à cette époque. Aujourd'hui il prouve seulement à quel point s'élait déjà propagé l'amour des livres et le goût de la lecture quand surgit l'art de multiplier les exemplaires à l'infini.

Nous n'avons point l'intention de tracer ici, même sommairement, l'histoire de la librairie dans son enfance, ni celle des premiers livres. Notre travail n'a pas pour but de satisfaire une vaine curiosité; toutefois nous ferons observer que, avant l'invention de l'imprimerie, on attribuait aux livres une valeur que l'on pourrait croire fabuleuse. Nos nations barbares n'en eurent presque point avant Charlemagne. La disette en fut extrême depuis le règne de ce prince jusqu'à Charles V et même jusqu'au temps de François Ier. Au xie siècle, nous voyons une comtesse d'Anjou acheter un recueil d'Homélies en échange de deux cents brebis, d'un muid de froment, d'un muid de seigle, d'un muid de millet et d'une certaine quantité de peaux de martres. On sait en outre que Louis XI, voulant faire faire pour lui la copie d'un missel appartenant à l'église de Saint-Méderic, ne pouvant pas disposer de la somme que la fabrique exigeait de lui à titre de gage, fut obligé de se faire cautionner par deux bourgeois de cette paroisse.

Enregistrons encore, comme de simples renseignements, quelques particularités dont le souvenir ne nous sera peut-être pas inutile quand nous aurons à signaler les causes morales de la décadence de la librairie.

Les Romains condamnaient au feu les mauvais livres. Ce soin était confié aux triumvirs, quelquefois aux préteurs et aux édiles. Le satyrique Labienus fut le premier dont les ouvrages reçurent cette flétrissure.

Henri II donna en 1555 une déclaration portant défenses d'imprimer aucun livre sans nom d'auteur; Louis XIII en rendit une pareille en 1626; frein admirable opposé au débordement des témérités sans courage.

Mettons cependant à découvert le but que nous nous proposons d'atteindre, à savoir la restauration de la librairie en France; œuvre délicate, difficile, mais non pas impossible, puisqu'il s'agira non pas d'édifier un monument nouveau, mais seulement de réédifier un ancien monument, qui exista longtemps dans toute sa splendeur, qui fut une des gloires de la France, et dont les débris épars n'ont besoin que d'être relevés et coordonnés selon les exigences du temps.

Pour arriver au but que nous venons de poser, il nous paraît indispensable avant tout d'éclairer la voie que nous devrons suivre et d'indiquer les causes qui ont amené la décadence de la librairie; il ne serait pas logique de prescrire le remède avant d'avoir étudié le mal, avant d'en signaler l'origine. Nous prions d'ailleurs nos lecteurs de ne point nous ranger parmi les ennemis du progrès, parmi les contempteurs systématiques du présent, si nous sommes obligés de redemander au passé, en faveur de la librairie, non pas des priviléges, mais des droits combinés avec des garanties qui en assurent l'existence, dans son intérêt moral et matériel, et plus encore dans l'intérêt du public éclairé.

Le grand siècle fut aussi le siècle où furent établis les plus solides fondements qui servirent de base à la prospérité toujours croissante dont jouit la librairie française, jusqu'à l'époque de 1789. De là date la ruine contre laquelle la librairie s'est débattue vainement dans des alternatives de chances radicalement mauvaises et de palliatifs éphémères. Est-ce à dire que nous voulions faire le procès à la révolution? Telle n'est point notre intention. Exclusivement préoccupé de la librairie, emportée dans ce grand mouvement, nous voudrions contribuer pour notre part à lui

restituer son organisation et ses règlements tutélaires;
or, jamais la librairie n'a été plus judicieusement, plus
fructueusement encouragée que dans les ordonnances de
Louis XIV qui la concernent. Dans ces ordonnances, la librairie pouvait lire un avenir qui ne lui fît point défaut
durant le siècle suivant où elle s'éleva à un degré de splendeur qui rendit européens les produits de la presse française. Si donc, depuis un demi-siècle, tantôt la licence,
tantôt l'absence de liberté se sont relayées pour accomplir sur
la librairie l'œuvre de sa destruction, il lui doit être permis
de revendiquer les lois protectrices, les règlements salu-
taires à l'ombre desquels elle a prospéré pendant près de
deux siècles.

Un orateur a dit : « Si des besoins nouveaux surgissent,
modifiez, changez, mais ne détruisez jamais ce qui a été le
fondement de votre prospérité. » Appliquées à la librairie,
telle qu'elle est successivement devenue depuis 1789, les
paroles de cet orateur nous semblent empreintes d'une fa-
talité malheureusement prophétique.

Reportons-nous maintenant par la pensée à cette époque
de prospérité qui marqua pendant le dernier siècle la gloire
de la librairie française, et, à ce sujet, signalons une erreur
beaucoup trop accréditée par nous ne saurions dire quel
esprit de confusion. Ce n'est ni d'après la position finan-
cière, ni d'après les capacités personnelles de quelques-uns
des individus qui exercent une industrie qu'il convient
d'apprécier la situation de cette industrie; c'est à ses produits seuls qu'il faut s'en rapporter; or, quels sont les produits de la librairie? des livres. Ainsi, y eût-il à Paris dix
libraires millionnaires, ce ne serait point un argument en
faveur de la prospérité de la librairie, si ses catalogues
n'annonçaient que des ouvrages sans avenir, des éditions in-

correctes, des pamphlets, des romans, un moment protégés
par la mode ou par l'esprit de parti, tous destinés à mourir au
rabais ou dans l'oubli avant la fin de l'année qui les a vu
naître. A l'opposite de cela, n'est-ce pas du xviiie siècle que
datent tous ces grands et beaux ouvrages que nous admirons
aujourd'hui, tous ces monuments historiques et littéraires,
que nous envient tant les nations étrangères, et dont la
valeur dans les ventes est la plus virtuelle de toutes les pro-
testations contre les produits de notre simulacre de librairie.
Qui oserait nier que les règnes de Louis XIV et de Louis XV
furent les plus favorables à notre commerce? La librairie
et sa sœur l'imprimerie ne s'élevèrent-elles pas alors à l'a-
pogée de leur splendeur? Ce n'était pas apparemment un
effet du hasard. Non, plusieurs causes concouraient à ce
résultat. D'abord les lettres et les sciences encouragées par
les rois, et, à leur exemple, par les grands seigneurs du
royaume, exercèrent une favorable influence sur la fortune
des libraires. Ils n'avaient point à examiner quelles seraient
les conséquences de l'alliance qui se forma alors entre l'intelligence et le rang, entre de brillants écrivains du grand
monde et des hommes de lettres grands seigneurs, mais ils
en profitaient. Les livres nés de cette alliance, recherchés
de tous, ne restaient point en magasin, et les acheteurs ne
sollicitaient pas des remises sur le prix comme le font les
colporteurs d'almanachs.

Telle était la partie brillante et souvent frivole de notre
littérature : en même temps laborieuses et modestes abeilles,
de savants bénédictins distillaient dans l'ombre du cloître
le miel de leurs consciencieuses études. Dans leur infati-
gable labeur ils interrogeaient les vieux parchemins, scru-
taient les vieux manuscrits, confrontaient toutes les ver-
sions, poursuivaient l'insaisissable vérité dans un dédale

obscur , et s'attachaient uniquement à la perfection de l'œuvre sans se soucier de la gloire de l'ouvrier. Quels noms cependant, malgré leur abnégation, ont surgi parmi les restaurateurs de notre histoire et de nos vieux monuments. Honneur à ces savants anachorètes, à dom Mabillon, à dom Bouquet, à dom Lobineau et à leurs dignes émules. Sans eux la France ne posséderait que de confuses et incomplètes archives. La Grèce et Rome n'eurent jamais des athlètes littéraires plus ardus à l'étude. Si la popularité contemporaine ne s'attacha pas à leurs noms de leur vivant comme à ceux de Montesquieu, de Voltaire, de Rousseau, de Diderot, de d'Alembert, leur mémoire n'en sera pas moins l'objet d'un culte reconnaissant pour tous les hommes studieux et vraiment amoureux de la gloire de notre patrie. On vous consulte et on vous croit, tandis qu'on ne s'occupe plus guère que pour les réfuter des brillants météores qui illuminèrent votre horizon. Nous ne voulons pas parler d'incendie.

La grande collection des historiens des Gaules, l'Histoire littéraire, le Traité de diplomatique, la Collection des conciles, les Ordonnances des rois de France, tant d'autres ouvrages gigantesques dont il serait superflu d'énumérer les titres, et dont un seul volume suffirait à l'illustration de beaucoup de savants de nos jours, tels furent les travaux entrepris et achevés dans le sein de la congrégation de Saint-Maur. C'est sous le règne de Louis XV que ces immenses travaux virent le jour, mis en lumière avec la plus louable persévérance par quelques libraires associés ; les Gabriel-Martin, les Dupuy, les Desaint, les Didot eurent l'honneur d'attacher leur nom à ces publications colossales, et stimulèrent ainsi l'émulation de la librairie parisienne. L'exemple produisit ses fruits accoutumés, et ce fut à qui publierait les meilleurs livres.

Hélas! qu'est devenue cette sainte émulation? C'est avec douleur que nous nous voyons entraînés par le souvenir de ces beaux temps vers une comparaison involontaire. Les éditeurs de ces livres éternels ne songeaient pas à les badigeonner de misérables images que l'on est convenu d'appeler des illustrations, et dont le moindre inconvénient est de constituer la librairie en rivalité avec les marchands d'estampes! « Ne pouvant la faire belle, tu l'as faite parée, » disait Appelles à un mauvais peintre de son temps. N'en pourrait-on pas dire autant à l'occasion de certains livres? Moins qu'aucune autre chose, le véritable esprit a besoin de parure; nous ne connaissons pas de moyen plus sûr de faire ressortir son insuffisance dans l'industrie que l'on exerce que d'invoquer le patronage d'une industrie étrangère.

Comment procédaient les anciens libraires? Le voici : après avoir bien examiné les manuscrits, ils choisissaient un caractère agréable à l'œil ; ils faisaient imprimer sur de bon papier avec de l'encre solide et noire. Qu'en est-il résulté? Ces livres imprimés il y a environ un siècle sont encore jeunes, tandis que parmi nos publications nouvelles on en pourrait citer beaucoup qui tombent de vétusté en peu d'années, dont le papier s'émiette, et par sa transparence hâtive laisse voir des deux côtés du feuillet une encre huileuse et jaunâtre. Pourquoi nous étonner quand nous en trouvons sur les quais ou vendus à moins de deux centimes la feuille dans des magasins d'épiceries?

Depuis l'invention de l'imprimerie aucun siècle n'a produit autant et de si bons ouvrages que le siècle dernier.

Tous les libraires, sans doute, n'avaient pas la même fortune et le même bonheur, mais ces inégalités dans la même condition ne préjudiciaient point au corps entier de

la librairie, et il y avait cela de remarquable, que ceux-là
même qui ne contribuaient pas à sa renommée, profitaient
de cette renommée; on jugeait d'après la majorité, et c'est
par la même raison que l'on a vu depuis le discrédit s'attacher à quelques entreprises dignes d'estime. Il n'y a point
de solidarité palpable entre les membres d'un même corps,
mais une solidarité morale dont il est plus aisé de signaler
l'injustice que de paralyser les effets. Qui ne sait, d'ailleurs,
que Dieu n'a pas départi à tous les hommes la même dose
d'intelligence, une égale force d'esprit, et ce tact inexplica-
ble qui constitue le génie des affaires et engendre le succès.
De ce que plusieurs libraires à toutes les époques ont végété
dans l'obscurité en bornant leur industrie à l'émission
d'ouvrages futiles, on ne doit rien conclure contre la gloire
si bien acquise par la librairie en général.

Ici nous devons nous arrêter un moment pour examiner
une observation que l'on ne manquera pas de faire : On ne
méconnaîtra ni l'importance, ni l'utilité des travaux de l'ancienne librairie ; mais, dira-t-on avec juste raison, il fallait
qu'elle eût des débouchés suffisants pour écouler ses produits. Cela est vrai ; l'observation est fondée ; c'est un avantage qu'elle avait sur ses successeurs. Les rois de France
encourageaient toutes les bonnes publications ; il n'est pas
un de leurs priviléges qui n'atteste la plus grande bienveil-
lance pour les libraires et leur sollicitude pour la prospérité de la librairie. Les grands seigneurs formaient des bibliothèques dont ils confiaient très-souvent la direction à
des libraires instruits, et ces bibliothèques, précieusement
conservées par leurs possesseurs, s'augmentaient de génération en génération dans la même famille. Nul n'ignore
que la bibliothèque de l'Arsenal, achetée par le comte
d'Artois et donnée par ce prince à la ville de Paris, n'était

dans l'origine que la bibliothèque particulière du marquis de Paulmy. Tout le monde connaît les admirables collections de Colbert, du comte d'Hoym, de la Vallière, de Maupéou, de d'Aguesseau, d'Orléans de Rothelin, dont les bibliophiles se disputent encore aujourd'hui les précieux débris. Les femmes que leur rang ou le caprice de la fortune rendit illustres ou seulement célèbres ne demeurèrent point étrangères au goût des livres; telles furent, dans la seconde catégorie, Mme de Pompadour et Mme du Barry, et, dans la première, mesdames Adélaïde et Victoire de France. Les livres les plus précieux de la bibliothèque de Versailles proviennent de leur bibliothèque de Meudon. Aux noms de ces dames nous pourrions en ajouter beaucoup d'autres parmi lesquels nous n'omettrions sûrement pas le nom de la comtesse de Verrue.

Tels étaient en partie les éléments de la prospérité de la librairie; nous avons hâte d'ajouter que ce n'étaient pas les seuls. Les libraires savaient se rendre dignes de la confiance de leurs nobles protecteurs; le nom d'un éditeur était une garantie suffisante du mérite de ses publications; on savait ce que l'on était en droit d'attendre d'hommes également bien famés sous le rapport de la loyauté et sous le rapport d'une instruction solide et profonde. De là naissait le bon accord qui existait entre les libraires; on ne voyait point surgir au sein de la librairie de ces procès devenus si fréquents et dont le scandale ne s'arrête pas toujours à ceux qui y paraissent exclusivement intéressés. A ce propos, nous tâcherons de faire connaître en peu de mots quelle admirable organisation présidait aux destinées de la librairie; on jugera si cette organisation, qu'il ne serait pas impossible de faire revivre, ne doit pas être considérée comme la source la plus féconde de son ancienne splendeur. Otez à une nation, quelque puissante qu'elle soit, l'action de la loi, elle tombera dans l'anarchie; la plus vaillante armée sera vaincue du jour où elle méconnaîtra l'empire de la discipline.

Dans ce qui va suivre immédiatement, nous nous appuierons sur l'autorité de l'ancien code de la librairie publié par Saugrain, l'un de ses syndics, et sur l'ordonnance de 1777, postérieure à ce code.

Comme toutes les autres industries, la librairie formait une corporation; elle était régie par une chambre syndicale dont les membres, choisis parmi les libraires les plus instruits et les plus influents, étaient élus par leurs confrères. La chambre syndicale devait connaître de toutes les contestations survenues au sein de la corporation. Elle les réglait à l'amiable et sans frais; ses décisions avaient force d'arrêts. C'était, dans toute l'extension du terme, ce que l'on a appelé depuis être jugé par ses pairs, mais en réalité et non pas fictivement. Qu'est-il besoin, d'ailleurs, de faire ressortir tout ce qu'avait de bon cette juridiction paternelle? Combien de frais, combien de procès elle évitait! combien elle prévenait d'inimitiés en étouffant en famille des différends qu'envenime toujours le grand jour de la publicité! Beaucoup de corps d'état ont si bien senti la nécessité d'une pareille institution qu'ils l'ont conservée, comme les bouchers, les boulangers, les orfèvres; d'autres y reviennent, comme les fabricants de métaux. A coup sûr on ne nous supposera pas l'intention de vouloir dénigrer aucun corps d'état, mais ne conviendra-t-on pas avec nous que, plus une industrie est en contact avec l'intelligence dont sa vie procède nécessairement, plus ses contestations doivent ressortir d'un tribunal de famille, seul apte peut-être à les bien juger. La preuve n'en estelle pas dans les décisions mêmes des tribunaux qui, avant faire droit, renvoient les parties devant arbitres !

La chambre syndicale de la librairie était chargée d'examiner les manuscrits proposés pour l'impression. Ce n'était ni la moins importante, ni la moins délicate de ses attributions. Son action s'exerçait alors dans l'intérêt du public, en lui garantissant de bons ouvrages, des livres dignes de fixer son attention ; dans l'intérêt du gouvernement, en ne sanctionnant point l'émission de livres dangereux et contraires aux mœurs ; dans l'intérêt surtout des libraires eux-mêmes, que souvent elle sauvait de leur ruine en les détournant d'une publication hasardeuse ou de l'impression d'un mauvais livre. On sait assez qu'en pareille matière les plus habiles peuvent être pris quand ils s'en rapportent à leurs seules lumières. Faisons observer en outre que les droits de la chambre syndicale n'allaient pas jusqu'à imposer un *veto* absolu à la publication de tel ou tel ouvrage ; elle ne procédait qu'à titre de conseil et par voie de censure officieuse ; il n'en pouvait résulter aucune entrave aux opérations commerciales, chacun demeurant libre de se conformer ou non aux décisions de la chambre. Rarement, à la vérité, les libraires ne s'y conformaient pas, et voici pourquoi. Si le livre était jugé bon, chacun des membres du syndicat en prenait d'avance un certain nombre d'exemplaires, après avoir donné son avis sur le mode d'impression, le format et la quotité du tirage ; ainsi le libraire éditeur trouvait son avantage à ne point éluder les décisions de la chambre.

La plus essentielle, selon nous, des attributions du syndicat, celle d'où dépendait le plus virtuellement la bonne renommée et la prospérité morale de la librairie, celle qu'il importerait le plus de rétablir, consistait dans l'examen des postulants au grade de libraire avant de leur délivrer un brevet de capacité.

C'est que, avant la révolution, la librairie était une dignité beaucoup plus encore qu'un commerce. Ses intérêts pécuniaires ne venaient qu'en seconde ligne dans la noble émulation qui l'animait. On peut juger de la considération qui s'attachait à la profession de libraire par l'extrait suivant de l'ordonnance de 1744 :

« Les libraires seront censés et réputés du corps et des suppôts de l'université de Paris et séparés des arts mécaniques, maintenus, gradés et confirmés dans la jouissance de tous les droits, franchises, immunités, prérogatives et priviléges attribués à ladite université. »

Aucun corps d'état ne jouissait de priviléges aussi étendus que ceux de la librairie. Nous ne nous dissimulons pas combien ce mot de priviléges peut effaroucher de susceptibilités irréfléchies ; il faut bien cependant nous en servir quand ce ne serait que pour démontrer que ceux qui s'attachaient à la librairie ne devaient pas être considérés comme des faveurs gratuites, capricieusement octroyées. La librairie les recevait en échange de garanties d'instruction et de moralité sans lesquelles elle ne serait qu'un vil négoce. Or, il n'en pouvait pas être ainsi avec les sages conditions imposées à quiconque aspirait à devenir libraire. Ecoutons les statuts qui régissaient ces conditions.

Nul ne pouvait être admis à faire son apprentissage pour parvenir à la maîtrise en librairie s'il n'avait fait des études universitaires, s'il n'était congru ès langues latine et grecque, ce dont l'aspirant devait justifier par un certificat du recteur de l'université ; il fallait en outre un certificat de bonnes vie et mœurs. La durée de l'apprentis-

sage était fixée à quatre années consécutives et intégrales;
en cas de fausse déclaration, le maître était condamné à
une forte amende et l'apprenti à recommencer son temps.
L'apprentissage fini, commençait le compagnonnage qui du-
rait trois ans. Ce temps écoulé, l'aspirant se présentait devant
les membres de la chambre syndicale, où il subissait un
examen sérieux sur le fait de la librairie. Le récipiendaire,
immédiatement après sa réception, s'engageait par serment
à ne rien faire imprimer de contraire aux mœurs, à la
religion et au gouvernement; à employer de beaux caractères et de bon papier. Remarquez cette clause du serment.

Peut-on, en bonne conscience, donner le nom de priviléges à des droits d'exercice de charge acquis à de pareilles conditions, après deux degrés de noviciat? A qui
d'ailleurs profiteraient ces prétendus priviléges, sinon au
gouvernement et au public? C'était un cautionnement moral
dans l'intérêt de l'ordre social, comme le trésor exige aujourd'hui de ses comptables un cautionnement en argent
pour assurer le fisc contre leurs malversations. Lequel de
ces deux gages offre le plus de sécurité? N'y a-t-il pas,
d'ailleurs, quelque chose d'affreusement anormal à voir
les éléments de la science et de toute instruction vendus
par des individus totalement étrangers aux choses pri-
maires de ces éléments? Bien loin de nous la pensée de
soulever aucune application individuelle, mais n'existe-
t-il pas des marchands de livres, des éditeurs même, nous
n'osons pas dire des libraires, sachant à peine lire et signer
leur nom, qui ne sont profonds qu'en ignorance? et dont
nous pourrions dire avec M. Etienne :

> Proh! pudor, haud rarus numero reperitur in illo,
> Nominis ignorans ipsa elementa sui.

L'ancienne organisation de la librairie parisienne ne fut pas l'œuvre d'un jour comme un seul jour a suffi pour la détruire. Chaque année, depuis le règne de François Ier, lui apporta le fruit de l'expérience acquise. Tout concourut successivement et sans interruption à former tout à la fois des libraires instruits et des commerçants probes et éclairés; les législateurs qui s'occupèrent particulièrement de cette matière comprirent qu'un libraire, vraiment digne de ce titre, devait posséder conjointement et la science bibliographique et les connaissances commerciales; de là la nécessité reconnue d'un stage de sept ans.

Les exigences de la loi étaient-elles tyranniques? Tendaient-elles à diminuer le nombre des libraires? Pas le moins du monde. La carrière était ouverte à quiconque voulait se soumettre aux conditions exigées et connues d'avance. Une fois entré, on n'avait pas à redouter la concurrence de spéculateurs aventureux. Le nombre des libraires n'était pas limité, mais la loi disait formellement: « Défenses sont faites à toutes personnes, de quelque qualité et condition qu'elles soient, autres que les libraires, de faire commerce de livres. »

Les idées que l'on se fait actuellement de la librairie sont tellement faussées par l'usage et par de trop nombreux exemples, que ces défenses paraîtraient peut-être despotiques aujourd'hui; elles étaient cependant essentiellement favorables à la librairie. Cette digue salutaire contre les intrus dont le débordement compromet les meilleures institutions n'existe-t-elle pas, d'ailleurs, dans la classe des avocats et dans celle des médecins? Pour arriver à l'une ou l'autre de ces deux honorables professions, ne faut-il pas subir des examens, donner par des études constatées une garantie au public et au gouvernement? Que l'on compare cependant. Ces professions, auxquelles préside l'intelligence nourrie de fortes études, ne doivent-elles pas, comme la librairie, être examinées sous un aspect commercial? Un avocat vend ses plaidoiries; un médecin, ses consultations; l'un et l'autre vendent leur clientèle; un libraire vend ses livres. Jusque-là la similitude est parfaite, mais elle cesse au moment où commence la protection que la loi devrait également à trois professions essentiellement libérales. Nul n'est admis à plaider, s'il n'est inscrit au tableau de l'ordre des avocats ; les tribunaux sévissent, dans l'intérêt de la santé publique, contre les charlatans non patentés qui exercent illégalement la médecine; elle est muette à l'endroit de la librairie, car ce serait pousser trop loin la dérision que de regarder comme une garantie, soit envers le public, soit envers le gouvernement, un brevet sans valeur puisqu'on le délivre à quiconque le demande. Serait-ce trop demander que d'exiger à l'avenir, pour obtenir un brevet de libraire, ne fût-ce qu'une simple inscription de bachelier ès lettres? Nous disons pour l'avenir, car nous n'ignorons pas combien doivent être sacrés les droits acquis par une possession de bonne foi, et ce n'est pas apparemment par la destruction arbitraire de ce qui est que nous voudrions voir commencer la réédification de ce qui fut.

Nous indiquerons plus tard ce que selon nous il y aurait à faire pour rendre successivement à la librairie une bonne organisation sans froisser les droits existants ; actuellement, insistons sur la position qui appartient à un libraire dans la société. Si, d'une part, il tient au négoce par la vente de ses livres, ce négoce même n'est-il pas seulement une conséquence d'une autre action? ne se lie-t-il pas à la science et aux lettres par la nécessité de ses rapports journaliers avec les savants et les hommes de lettres les plus distingués? Si ses connaissances acquises, si son jugement, mûri par l'expérience et l'étude, ne le rendent pas capable d'apprécier la valeur et la portée d'un manuscrit dont la publication sera peut-être lucrative, ne se mettra-t-il pas, sans être judiciairement répréhensible, par le seul fait de son peu de lumières, en hostilité flagrante contre le gouvernement et les familles, en contribuant à répandre des principes subversifs, attentatoires aux mœurs du peuple? Le peuple lit; plus il lit, plus il raisonne. C'est alors surtout qu'il importe de ne donner à son esprit que des aliments sains et conservateurs. La saisie et la condamnation d'un ouvrage dangereux ne sont pas même des palliatifs; quand on le saisit il est bien rare que le mal qu'il devait faire ne soit pas déjà produit, et, l'expérience l'a assez démontré, l'éclat d'une condamnation ne sert le plus souvent qu'à faire rechercher davantage l'ouvrage condamné. Législateurs, ne cherchez point de bonnes garanties ailleurs que dans la capacité et la moralité constatée des éditeurs, qu'unira un lien de solidarité morale. N'est-il pas honteux de voir des libraires reconnus pour faire le trafic de livres obscènes, de poisons littéraires et moraux, arriver en peu de temps à une fortune que n'atteint presque jamais un libraire honnête et consciencieux. N'est-ce pas une preuve du peu de soin qui préside à l'administration de la librairie actuelle.

A ce sujet nous devons invoquer encore l'exemple que nous a légué l'ancien régime. Louis XIV et Louis XV en favorisant, comme nous l'avons dit précédemment, la librairie, l'avaient cependant circonscrite dans de certaines limites qui, sans être infranchissables, prévenaient des écarts dangereux pour le gouvernement, pour l'ordre public et pour la librairie elle-même. Nous ne concevons pas que l'on puisse mettre en balance les intérêts de quelques esprits téméraires et ceux du corps d'état tout entier auquel ils appartiennent. Nous ne concevons pas non plus que l'on porte volontairement atteinte à la réputation, à la considération de ce corps, soit par de fallacieuses innovations, soit en frappant de discrédit ses produits en les avilissant au moyen d'un honteux rabais.

Parlons de bonne foi : quand la librairie a porté si haut la considération dont elle jouissait à si juste titre, voyait-on, comme on le voit aujourd'hui, des éditeurs disséminer dans les pages à moitié blanches d'un volume in-8° un texte qui eût tout au plus fait la matière d'un in-18. Non-seulement nos devanciers fabriquaient consciencieusement leurs livres, mais ils ne les mettaient pas au rabais six mois après la publication. Les acheteurs, ayant confiance dans les promesses d'une simple annonce exempte d'éloges frauduleux, achetaient un livre au moment de son émission, sans attendre qu'il fût tombé à vil prix et exposé à vil prix. Sans doute tous les ouvrages ne réalisaient pas par leur succès les espérances de l'éditeur. Que faisait-il alors? Il détruisait lui-même la moitié de son édition, et, par ce moyen, conservait au reste sa valeur primitive. Sa maison conservait sa réputation intacte, et ceux qui lui avaient acheté ne pouvaient pas lui reprocher d'avoir vendu un livre le double de ce qu'il valait. N'est-il pas reconnu maintenant que les livres dont l'éditeur se débarrasse ainsi en les vendant au rabais, ne sont payés presque toujours que le prix du papier. Ce fut à peu près ainsi que, sous l'empire, Napoléon rendit à la librairie de signalés services en n'accordant des licences qu'à des bâtiments qui prendraient à leur bord une cargaison de livres et à la condition qu'on les jetterait à la mer pendant la traversée de France en Angleterre.

On ne saurait croire combien la fréquence d'ouvrages mis au rabais est préjudiciable à la librairie. Toute confiance disparaît, et la confiance est l'âme, le crédit moral de tout commerce et de celui-ci plus que d'aucun autre. Je souscris, je le suppose, à un ouvrage préconisé à grand renfort d'annonces et de réclames louangeuses. Je paye 15 francs chaque livraison de deux volumes. L'ouvrage est complet après la publication de la troisième livraison. J'ai donc déboursé quarante-cinq francs sur parole. Qu'arrive-t-il? Quelques mois à peine se sont écoulés lorsque, me promenant sur les quais, j'aperçois dans une manne le même ouvrage coté à un prix moindre que celui d'une seule livraison. Je prends la ferme résolution de ne plus jamais souscrire à aucun livre ; tant pis pour les éditeurs consciencieux, ils seront punis de la faute de ceux qui ne le sont pas. Ce qui arrive aux amateurs est encore plus grave lorsque des libraires ont acheté un certain nombre d'exemplaires d'un livre que l'éditeur met au rabais quelques mois après la publication, et donne pour 7 francs, par exemple, ce que les libraires ont acheté 12 francs par douzaine.

Ce que nous venons de présenter comme une supposition n'en est malheureusement pas une. Les derniers réceptacles de la librairie sont encombrés d'ouvrages et même de bons ouvrages qui sont tout à fait dans la condition de celui auquel nous avons fait allusion. Comment lutter contre une pareille dégradation quand on songe d'ailleurs qu'un premier rabais est presque toujours suivi de rabais successifs. Cette lèpre qui ronge la librairie par tous les bords n'existait pas autrefois ; existerait-elle si la librairie avait encore son ancienne organisation? Nous croyons avoir démontré que cela ne se pourrait pas ; car, nous ne craignons pas de le répéter, au dehors et au dedans, par elle-même et par ses débouchés, la librairie était placée dans les conditions les plus favorables à sa prospérité, à son développement, à son honneur. Le gouvernement la protégeait, mais elle se protégeait plus encore par la probité, la conscience, l'instruction de ses membres, l'esprit de corps et la bonne harmonie qui régnait entre eux. Les libraires, dans leurs spéculations, ne perdaient jamais de vue l'honneur et l'intérêt de la librairie en masse.

En parlant de la librairie, le frondeur Diderot lui rend ainsi justice : « Dans son genre de commerce, dit-il, elle donne la considération. Si celui qui l'exerce a l'intelligence et les lumières qu'elle exige, cette profession doit être regardée comme une des plus nobles et des plus distinguées. » Que dirait aujourd'hui le philosophe s'il voyait les produits de la librairie exposés jusque dans des boutiques d'épiciers.

Au milieu des calamités qui assaillent notre commerce, si nous avons dû faire la part de la mauvaise foi et de l'ignorance des hommes, nous devons faire aussi celle des événements, et elle sera grande. Le baromètre n'est pas plus soumis à l'influence du temps que ne l'est la librairie à l'influence des orages politiques. La moindre commotion la paralyse; aussi succomba-t-elle sous les assauts de la révolution française, dont il doit être permis de signaler les désastres alors même que l'on n'en contesterait pas la grandeur. Ce fut un de ces enfantements douloureux dont nous parlions au commencement de cet essai sur la librairie. La librairie! hélas! nous n'oserions pas assurer qu'elle était toujours demeurée étrangère à la subversion dont elle fut victime.

Par ses publications philosophiques, la librairie contribua puissamment à pousser le peuple à revendiquer ses droits; elle lui avait prêché la liberté, l'égalité; les cent voix de la presse l'appelèrent à briser les lignes de démarcation qui séparaient les diverses classes de la société. L'appel de la presse ne fut que trop bien entendu. Une fois débordé, le torrent populaire renversa tout, brisa tout sur son passage, replongea dans le chaos religion, gouvernement, commerce, industrie. Les grands seigneurs, les prêtres, poursuivis, traqués, durent se dérober par la fuite à l'échafaud; les châteaux, les couvents et leurs riches bibliothèques et archives furent pillés; les églises fermées ou transformées en clubs; les riches, conseillés par la prudence, s'appliquèrent à dissimuler leur fortune; plus d'ouvriers dans les manufactures, partant plus d'aliment donné au commerce, et les commerçants descendirent dans les rangs des agitateurs; une populace furieuse, esclave de la liberté qu'elle invoquait, obéit à des impulsions destructives de tout ce qui avait précédemment existé, déchirant jusqu'aux mains qui venaient de rompre ces prétendues chaînes. Tel était le tableau que présentait la France après la chute de la monarchie et qui se prolongea sous la république. Quel dut être le sort de la librairie? Entraînée dans ce grand conflit, elle devint sans-culotte; elle fit imprimer des libelles et des pamphlets que se lançaient mutuellement les partis, et des saletés que la licence effrénée de l'époque laissait passer ouvertement. La librairie n'était plus ni une science, ni une industrie, ni un commerce; elle servait d'obusiers dans les camps ennemis où se livraient des combats à mort.

Tout, sans exception, tout ce qui, dans ces temps désastreux, sortit des presses de Paris porte l'empreinte de cette fièvre révolutionnaire que l'on décorait insolemment du nom d'enthousiasme patriotique. C'était la dégradation du Bas-Empire improvisée sans transition après le siècle d'Auguste. Les moyens d'exécution tombèrent alors au

niveau des œuvres courantes. Et pouvait-il en être autrement? Du papier de choix, des caractères élégants eussent
été proscrits comme des objets atteints et convaincus d'a-
ristocratie; les haillons étant partout à l'ordre du jour, il
fallut bien aussi que la presse eût ses haillons. Que l'on
examine les échantillons conservés des publications du
temps, les journaux, les pamphlets, les proclamations et
toutes ces myriades de feuilles volantes que Paris voyait
naître et mourir tous les jours; cette littérature de carre-
four, échevelée et furibonde, que l'on dirait émanée des
cerveaux et des presses de Bicêtre, et que l'on ose nous ac-
cuser d'exagération ! Ce sont aujourd'hui d'incroyables objets de curiosité, capables seulement d'enseigner à quel degré
d'avilissement peuvent tomber les produits des arts et de
l'intelligence quand règne l'anarchie, sans frein, sans lois,
sans garantie.

Sans nous arrêter plus longtemps à rechercher ce qu'é-
tait la librairie pendant les huit dernières années du dernier siècle, nous en donnerons une idée plus exacte et nous
aurons plus tôt fait en nous contentant d'affirmer que, durant cette période de temps, elle ne donna signe de vie que
par des mouvements convulsifs.

Quand vint le 18 brumaire, la France entière éprouva
comme une commotion d'espérance aveugle qui ne frappa
pas moins la librairie que les autres corps d'état démante-
lés par la révolution. La librairie avait tout perdu; la tourmente avait emporté ses priviléges, ses protecteurs, son organisation; ceux qui l'avaient dépouillée la laissaient sans
guide, sans appui; enfin, dans ses espérances même, elle
fut prise au dépourvu. On était si heureux de ce qui n'était
plus, qu'on acceptait avec reconnaissance tout ce qui serait
à l'avenir. Malheureusement on ne fonde pas des institu-

tions sans l'intervention du temps. Dès que la nation put respirer, honteuse, effrayée de la profondeur de l'abîme creusé derrière elle, il s'opéra en elle une fièvre de réaction soumise et obéissante; et, comme l'esprit humain ne s'arrête jamais dans un milieu salutaire, la balance pencha du côté où n'était plus la liberté. Ce fut à qui tendrait les mains à des fers dorés et recouverts de lauriers. Docile instrument des caprices de l'opinion, propagatrice de tous les sentiments bons ou mauvais, la librairie, comme pour faire oublier ses voix démagogiques, ne chanta plus que la gloire; elle ne préconisa plus que la soumission aveugle à la volonté d'un maître. L'esprit d'adulation et de flatterie enchérissant chaque jour sur lui-même, la presse devint une lice ouverte où chacun crut travailler à la réédification de l'édifice social. Pour la librairie, du moins, rien ne fut réédifié; elle resta dans une espèce de compromis d'attente, et, depuis près d'un demi-sièle, elle attend encore.

Du sein de l'anarchie avait surgi un certain nombre d'hommes de lettres recommandables par leur mérite et leur caractère personnel; d'autres, échappés au naufrage, reparaissaient après la tourmente, presque tous, soit avec des idées modifiées par la grande étude qu'ils avaient faite en action, soit, au contraire, plus tenaces que jamais aux traditions de leur jeunesse. Dans cet état de choses, un dissentiment devait naître et se faire jour dans de nombreux écrits. Le champ de la politique étant à peu près muré par une censure ombrageuse et sévère, les antagonistes durent s'escrimer dans le domaine plus libre de la littérature, et ainsi commença cette guerre littéraire des classiques et des romantiques dont les armes, forgées par la librairie, eurent pour elle l'avantage d'alimenter son commerce. Quoique cela ne touche pas directement à nos intérêts sérieux, nous nous permettrons, à l'occasion de cette guerre, une simple observation. N'est-il pas au moins singulier que le romantisme ait eu ses plus brillants chevaliers dans les rangs des champions de l'ancien régime, tandis que les démolisseurs lettrés de la révolution sont restés fidèles aux vieux errements de l'école classique. Peut-être cela tint-il à ce que ceux qui s'étaient affublés des plus beaux noms romains durent se croire les défenseurs obligés d'Horace et de Virgile.

L'ère impériale, que la vérité avouée des formules distingue presque seule de l'ère consulaire, ne fut pas, ne put pas être favorable au commerce de la librairie ; les temps d'action ne sont pas ceux où la pensée a besoin de se replier sur elle-même : on ne lit pas même Polybe sur un champ de bataille, et l'étude n'a rien de savoureux quand chaque jour présente une grande page d'histoire. La vie alors suffit à peine au présent ; aux imaginations enflammées par le son de la trompette il fallait le récit des victoires remportées par nos grandes armées, des bulletins fabuleux, et pour les femmes quelques romans chevaleresques. Il n'y avait rien là qui pût rendre la vie à la librairie, et si d'ailleurs, quelques rares amateurs, parmi les nouveaux favoris de la fortune, voulurent se faire une bibliothèque, la fabrication des livres n'eut rien à y voir ; il suffisait d'en réunir les éléments disséminés dans les lieux où les avait jetés le hasard, quand ils n'avaient pas été détruits après le pillage des bibliothèques des châteaux et des abbayes.

Il advint cependant sous l'empire que la librairie, consultant plus sa bonne volonté que ses chances de réussite, voulut essayer ses forces ; elle tenta quelques entreprises, mais, ne trouvant d'appui ni dans le gouvernement, ni dans le public, elle échoua. Nous avons dit quel service lui rendit Napoléon quand il accorda des licences, mais la nature même de ce service était la preuve la plus évidente de la décadence sans espoir de la librairie.

Rendons maintenant à César ce qui appartient à César; rappelons en deux mots que, même vers la fin de la république, le gouvernement voulut honorer la typographie dans la personne de l'illustre Pierre Didot, en logeant ses presses au Louvre; elles y restèrent sous le consulat et jusqu'au commencement de l'empire. Ce sont là de bonnes intentions sans doute, mais quand elles demeurent sans effet, les intentions attestent seulement l'impuissance de ceux qui en témoignent.

Législativement, le gouvernement impérial s'occupa un peu de la librairie. Des décrets de 1810, 1811 et 1814 subsistent encore comme des preuves de sa sollicitude pour notre industrie; mais comme chaque fois il fallut remettre la matière sur le tapis, sous le prétexte de la mieux étudier, un funeste état d'expectative se prolongea indéfiniment, de sorte que ni les décrets, ni les ordonnances rendus à cette époque ne produisirent aucun bon résultat, et que le législateur ne toucha pas le but qu'en les rendant il s'était proposé d'atteindre. Le but était bon, hâtons-nous de le reconnaître. Que voulait en effet le législateur ? Empêcher des hommes sans capacité aucune de se mêler de librairie, car c'est là sa plaie la plus vive matériellement et moralement. Comme d'ailleurs ces décrets régissent encore ou du moins sont censés régir encore aujourd'hui la librairie, nous en examinerons les paragraphes les plus importants, non sans faire préalablement cette douloureuse observation : A quel état, bon Dieu ! faut-il que soit tombée la librairie pour que sous un régime de liberté elle se voie réduite à regretter la non exécution de règlements conçus sous un régime de despotisme.

Abordons premièrement la question du brevet, question si essentielle, mais qui, nous croyons l'avoir déjà dit, est devenue complétement illusoire. Comment et par qui le brevet est-il délivré ? Comment en doit-on faire la demande ? A quelle condition peut-on l'obtenir ? Toutes ces questions sont traitées d'une manière vague et désespérante. Il faut, est-il dit, que le postulant soit capable d'exercer la librairie. Voilà qui est bien, mais comment constater sa capacité ? Il faudrait, ce semble, commencer par le soumettre à un examen, comme cela avait lieu devant le syndicat de l'ancienne librairie ; il faudrait qu'il fût interrogé par des juges compétents et capables eux-mêmes. Pas un mot d'examen préalable dans le décret. On exige un certificat de capacité ; mais qui délivre ce certificat ? Des libraires. Encore mieux. Mais ces libraires certificateurs, quel mandat officiel ont-ils reçu ? Quel pouvoir supérieur est délégué pour exercer sur eux un contrôle légal ? Est-on bien sûr que ceux qui délivrent un certificat de capacité seraient certains eux-mêmes d'en obtenir un s'il devait être précédé d'un examen consciencieux ? Ces questions sont plus que permises quand on sait comment d'ordinaire les choses se passent. La complaisance y entre pour beaucoup. On ne veut pas désobliger un parent, un ami, un commis, quelquefois un successeur. En peut-il être autrement quand la loi laisse au postulant la latitude de s'adresser indistinctement à tous les libraires patentés ! On le voit donc, il s'agit simplement d'une attestation banale qui, dans l'état actuel de la législation, n'engage à rien ni celui qui la délivre, ni celui qui la reçoit. Qu'est-ce alors, sinon une vaine simagrée ? Où y trouver une garantie soit envers le gouvernement, soit envers le public, soit enfin pour l'honneur de la librairie considérée comme corps d'état. La banalité d'un brevet de librairie est si bien reconnue de nos jours que nous avons vu plusieurs libraires et des plus huppés en dédaigner la vaine formalité. L'autorité les a laissé longtemps exercer sans brevet, par la raison sans doute que l'on peut gagner de l'argent sans capacité. Qu'est-ce que cela fait après tout? On est ignorant de toutes choses; on sait à peine signer son nom; les Alde, les Elzevirs, les Robert Etienne sont peut-être des Hébreux; les Corrozet, les Martin, les Debure, les Tillard n'ont rien à voir en tout ceci; on arrive de son village monté sur de bons sabots, et si le commerce des pommes ou des marrons ne va pas, on vend des livres! Avec quelque argent on se fait l'humble servant d'un auteur en renom dont on a flairé le manuscrit; ensuite, le protecteur de la jeune littérature qui grandit vous jette la porte au nez. A la bonne heure! Voilà ce qui s'appelle être libraire.

En vérité, il y a des choses tellement incroyables qu'il n'est pas toujours possible d'en parler sérieusement. Nous ne pensons pas, d'ailleurs, qu'il soit nécessaire d'insister davantage sur l'insuffisance des décrets impériaux concernant la librairie; ce sont de bonnes esquisses inachevées et laissées en chemin par le législateur lui-même, qui reconnut du moins la nécessité de les étudier encore. Le mal étant à son comble, un commerce qui fut un des plus beaux fleurons de la couronne commerciale de la France, achevant de se flétrir au milieu des ruines, ne serait-il pas urgent de reprendre l'étude commencée? Il n'y a point à se le dissimuler, c'est une question de vie ou de mort. Reprenons cependant la série des faits qui nous intéressent.

Quand un grand événement politique vient agiter le monde, toutes les industries sont en souffrance, mais il n'en est point qui soit plus violemment frappée au cœur que la librairie productive ; hier un soleil éclairait ses productions plus ou moins empreintes des circonstances, plus ou moins soumises à l'influence des idées du jour ; aujourd'hui un nouveau soleil se lève, il éteint les rayons du premier et rejette dans l'ombre tout ce qui brillait encore la veille. La chute de l'empire condamna au pilon des magasins entiers de flagorneries entassées, d'histoires allusives et même d'éditions dont la préface devenait une dénonciation de l'auteur contre lui-même. Aux mêmes faits il fallait fermer le champ à des commentaires, à des interprétations tombées en désuétude, pour l'ouvrir à d'autres interprétations, à d'autres commentaires. Au milieu de ces circonstances la librairie espéra comme elle avait espéré le lendemain du 18 brumaire ; incomplétement protégée, dépourvue d'institutions, elle revint commercialement à une vie active, mais non pas à une vie de production sérieuse. Fermés si longtemps à l'écoulement de ses richesses acquises, les marchés de l'Europe se rouvrirent tout à coup. En tombant, le système impérial, ce que nous admettrons si l'on veut au nombre des calamités de la France, ramena cependant à Paris une foule d'étrangers consignés depuis tant d'années en dehors des frontières de l'empire. De la part de ces étrangers, ce fut pendant quelque temps comme un accaparement de toutes les publications de la librairie française ; les Anglais surtout se jetèrent avec une sorte de fureur sur les livres rares et curieux, tant anciens que nouveaux ; les collections du *Moniteur*, les livres anciens, les Aldes, les Elzevirs, les grands papiers entre autres, montèrent à un prix fou. Ainsi les événements politiques de 1814, de quelque façon qu'on les considère d'ailleurs, n'en exercèrent pas moins une influence heureuse, mais malheureusement momentanée sur le commerce de la librairie. On eût dit un vaste réservoir dont les eaux depuis longtemps stagnantes venaient de s'écouler, mais dont les sources alimentaires étaient taries.

Par suite de l'enchaînement des circonstances, de la direction des idées vers un objet unique, de l'espèce de terreur qui enchaînait la libre action de la pensée, et, ne craignons pas de le répéter, faute d'organisation, la librairie française était donc restée dans un état de stagnation à peu près complet, depuis la restauration sociale du 18 brumaire jusqu'à la restauration royale du mois d'avril 1814.

En 1812, le chiffre des articles publiés par la librairie s'était élevé à 4,648; il ne fut que de 2,683 en 1814. En l'année 1825, il dépassa le produit de ces deux chiffres additionnés; il s'éleva à 7,542. Nous présentons ce rapprochement comme une preuve évidente de l'influence des événements, du plus ou moins de tranquillité publique sur le mouvement de la presse; nous ne voudrions pas, toutefois, que l'on en tirât des conclusions trop étendues pour ou contre la prospérité de la librairie. On ne doit en effet considérer ici le nombre que comme une présomption favorable. C'est beaucoup plus la beauté de ses monuments et leur solidité que la quantité de ses maisons qui atteste la splendeur d'une ville; ainsi en est-il de la librairie, qui a aussi ses somptueux édifices et ses maisons auxquelles il faut ajouter un grand nombre de chaumières. La plus futile brochure entre pour son unité dans un catalogue tout aussi bien qu'un grave in-folio. A cette considération il importe d'en ajouter d'autres, comme, par exemple, la valeur des livres, le nombre des volumes et la quotité du tirage. On ne doit donc rien arguer de positif du chiffre des publications annuelles sans que ce soit un insigne tout à fait dépourvu de valeur.

La plupart des ministres de la restauration, nous nous plaisons à leur rendre cette justice, se montrèrent pleins de sollicitude pour la librairie ; il arriva même, comme nous le verrons bientôt, qu'elle retira des bénéfices considérables de ce qui, dans le premier moment, ne dut pas lui paraître un acte de protection, tant sont souvent bizarres et imprévues les causes de sa fortune ou de son discrédit. Cependant, quelles que fussent les bonnes intentions du gouvernement de la restauration en faveur de notre commerce, la librairie dut subir les chances les plus fatales pour toute espèce de commerce. Nous ne récriminons point, nous rappelons. La presse fut alors soumise à une législation que nous ne pourrions pas caractériser autrement qu'en l'appelant intermittente ; et quoique ces oscillations législatives s'appliquassent plus particulièrement à la presse éphémère des journaux, la librairie n'en ressentit pas moins le contre-coup. Tel ouvrage, commencé sous l'empire de la liberté de la presse, poursuivait son cours sous le régime de la censure, et s'achevait sous une nouvelle phase de liberté à laquelle succédait encore la censure. Les ouvrages même qui par leur importance ou leur gravité semblaient être en dehors de l'influence immédiate de ces intermittences étaient aussi paralysés par l'ébullition des esprits. La guerre des pamphlets, la lutte des idées que l'on appelait libérales contre d'autres idées opposées, ne furent pas moins préjudiciables aux intérêts de la librairie sérieuse que ne l'avait été sous l'empire la concentration de l'esprit national sur le seul fait de la gloire de nos armes. Et pourtant cette gloire, se survivant à elle-même, devint sous la restauration un des aliments nourriciers de la librairie que de son vivant elle avait étouffée. Le livre des Victoires et Conquêtes fut une des plus productives opérations de la librairie sous la restauration. Alors aussi, comme après la Fronde, surgit la manie des mémoires et des souvenirs, manie dont la librairie tira longtemps un grand profit; mais la publication de mémoires apocryphes s'étant mêlée à celle des mémoires authentiques, le public se lassa de cette lecture toujours attrayante, ce qui ne fût pas arrivé si, comme autrefois, la librairie eût eu un syndicat dont l'*exequatur* eût été une garantie suffisante pour les esprits justement ombrageux. Ainsi, les chances même les plus favorables à la librairie ont avorté presque sans fruit, toujours par ce manque d'organisation qui la ronge, et par suite de cette licence aventureuse qui permet à un seul de compromettre la renommée et les intérêts de tous.

L'élévation du prix des manuscrits fut aussi une des causes de la décadence de la librairie, et si l'on poursuivait jusque dans leurs dernières ramifications les résultats de cette élévation sans frein et sans bornes, peut-être verrait-on qu'ils ne furent pas moins fâcheux pour la littérature que pour la librairie. Dans l'une et dans l'autre il s'établit des priviléges exceptionnels; les produits de l'esprit, façonnés sans règle, selon le goût du jour, n'appartinrent qu'au plus offrant, au dernier enchérisseur; le papier des libraires aventureux n'eut plus aucune valeur sur la place, et la banqueroute devint trop souvent le dernier solde de compte des plus magnifiques accapareurs de manuscrits. La saine partie de la librairie n'y fut pour rien, sans doute; la disgrâce de ces méfaits n'en rejaillit pas moins sur elle, par la raison que quand une compagnie d'un régiment a pris la fuite, l'honneur du corps en est atteint; par la raison qu'une pleine et entière justice distributive n'est pas chose qui soit de ce monde. On le voit, nous plaidons la cause du bien contre le mal, de l'honnêteté, de la prudence, contre cette fièvre de spéculation qui est au commerce ce qu'est l'agiotage aux opérations de la banque. Qui n'a rien à perdre a tout à risquer.

Nous ne nous proposons pas d'exposer toutes les plaies de la librairie dans un cadre aussi restreint que celui que nous nous sommes tracé; nous croyons cependant indipensable d'en signaler encore quelques-unes, toujours dans l'espoir d'y appliquer le remède ou tout au moins de l'indiquer. Reconnaissons d'abord une vérité que nous ne croyons pas contestable.

Lorsque la mauvaise fortune s'attache soit à un homme, soit à une agglomération d'hommes réunis en un corps d'état, il faut presque toujours en diviser les causes en deux catégories : les unes proviennent de circonstances étrangères, les autres de fautes commises par ceux-là même qui se plaignent, et, sous ce rapport, nous n'avons pas dissimulé le mal que s'est fait à elle-même la librairie par l'ignorance ou l'extravagance de quelques-uns de ses membres. Parmi les causes de sa ruine qui lui sont étrangères, il en est une qui domine toutes les autres. C'est cette propension fatale qui entraîne les esprits même les plus futiles vers les discussions politiques, d'où sont nées la multiplication et l'augmentation des journaux. Voyez maintenant combien de causes de ruine pour la librairie ont découlé de cette cause première. La presse quotidienne présentant un aliment suffisant à la majeure partie des lecteurs, un homme d'un esprit adroit et essentiellement spéculateur a complété cette révolution de la presse en mettant les journaux en rivalité ouverte avec la librairie, et dans cette lutte la librairie a succombé, puisqu'elle en est réduite à reproduire sans aucune chance favorable un petit nombre des œuvres littéraires déjà exploitées par les journaux. Ne voit-

on pas chaque jour des ouvrages volumineux offerts comme
un à-point pour le prix d'abonnement à un journal? Ne
voit-on pas tous les jours un journal annoncer qu'il donne
pour 75 centimes ce qui en librairie coûte 15 francs? Devrait-il être permis à un journal de publier des livres, de
faire concurrence à la librairie sous prétexte et sous le nom
de supplément; devrait-il être permis de faire des livres
une sorte de glu, un appât pour prendre les abonnés. On
nous dira que ces livres sont imprimés d'une manière dé-
goûtante, sur de vilain papier, et que les amateurs besogneux seuls les mettent dans leurs rayons : c'est vrai, les
livres que les journaux impriment déshonorent la typographie française, mais ils n'en constituent pas moins une
édition et diminuent d'autant les chances de la vente d'une
bonne édition. Si les éditeurs, au lieu de se mettre à la re-
morque des journaux, de ramasser humblement les restants
de leur basse-cour (rez-de-chaussée nous paraît encore trop
élevé pour dire feuilleton), avaient fermé leur porte aux auteurs dont les œuvres auraient déjà paru en feuilleton, le mal
aurait cessé de suite, et nous ne verrions pas cette anoma-
lie fréquente d'un livre annoncé avec ces mots : *entièrement
inédit*, pour annoncer que ce n'est pas du réchauffé, qu'il n'a
pas traîné dans les basses colonnes d'un journal. Dans ce
désordre, arrivé à son comble, que peut devenir la librairie? Il faut absolument qu'elle succombe. Ce n'est certainement pas l'espèce de concurrence bâtarde qu'elle a cherché à établir qui conjurera sa perte totale; il y a cela de remarquable et de désastreux en effet, au milieu de la confusion générale, que en même temps que le journalisme se
faisait libraire, la librairie aspirait à se faire journal. Quelle
désignation pouvons-nous donner, si ce n'est celle de journaux, à ces publications par livraison et par souscription

composées d'une ou deux feuilles d'impression ? Sont-ce là
des opérations de librairie ? Pas plus qu'un roman en dix volumes et plus, en quelque nombre de feuilletons qu'il soit
coupé, ne peut consciencieusement appartenir au journalisme
proprement dit.

Non-seulement la publication des livres par souscription
n'est pas une opération de bonne librairie, mais encore
elle est une des causes du discrédit de notre commerce. La
preuve c'est que, à l'exception d'une ou de deux maisons
qui exploitent ce genre et qui se soutiennent avec peine,
toutes les autres tombent ; voici pourquoi : dans le commencement de ce genre de librairie périodique, beaucoup
d'acheteurs, amorcés par l'apparent bon marché du livre
et la facilité du payement, se laissaient prendre et sous-
crivaient, mais il arrivait que l'éditeur, absorbé par les
frais ruineux des gravures et des annonces, se trouvait dans
l'impossibilité de continuer la publication, et le livre restait
à moitié publié, l'acheteur se trouvait avoir dépensé beaucoup d'argent sans avoir l'ouvrage complet. Irrité contre
le libraire-éditeur, il enveloppait dans son anathême tous
les libraires, et prenait la résolution de ne plus souscrire ;
la confiance était perdue et les publications nouvelles ne
trouvaient plus d'acheteurs. Le livre était-il terminé ? autre
déboire pour le souscripteur : le même volume qu'il avait
payé à raison de 7 fr. 50 c., il le trouvait pour 5 fr.,
quelquefois moins. Il trouvait pour 30 fr. un ouvrage qui
lui revenait à 50. Quelle confiance pouvait-il avoir dans
les annonces pompeuses des éditeurs ; ceux-ci n'ayant pas
de débit ne pouvaient pas faire honneur à leurs engage-
ments, et le papier des libraires ne trouvait plus de crédit
en banque.

Dans ce conflit, ne perdons pas de vue qu'il existe en

France et surtout à Paris, un esprit d'opposition bizarre, capricieux, irréfléchi et qui s'éteint de lui-même ou se porte sur un autre objet aussitôt qu'il peut se manifester sans obstacle. La librairie en a quelquefois profité ; souvent aussi elle a été victime de sa mobilité. C'est ici le lieu de rappeler un fait auquel nous avons fait précédemment allusion. Qui n'a encore présent à la mémoire l'effet que produisit sous la restauration le fameux mandement des vicaires généraux touchant la réimpression des œuvres de Voltaire et de Rousseau ? Depuis plus de vingt ans, ce qui restait des anciennes éditions de ces œuvres dormait en magasin ; tout à coup il en surgit de toutes parts des éditions nouvelles ; il ne semblait pas que la presse pût en multiplier assez les exemplaires pour satisfaire l'avidité du public. La révolution de juillet a tellement frappé de mort ces ouvrages si recherchés, que la plus belle édition de Voltaire est tombée aujourd'hui à un rabais qui égale tout au plus le prix de la fameuse édition Touquet. La voie des réimpressions est donc pour longtemps fermée à la librairie.

Sous l'empire, si la librairie languit dans un état de marasme que nous n'avons point cherché à atténuer, du moins dans sa pauvreté forcée elle reconquit une partie de sa considération passée ; l'institution d'une direction générale de la librairie permit de croire que le gouvernement ne la regardait pas comme une chose sans importance dans l'Etat. Un conseiller d'Etat en était le directeur général. Depuis, moins bien traitée sous ce rapport que les haras, l'ancienne agrégée de l'université de Paris entre tout simplement, comme les théâtres, dans les attributions d'un chef de division au ministère de l'intérieur.

Et Dieu sait comment elle est administrée ; la fille aînée de l'université, la protégée de Louis XIV et de Louis XV,

la pupille de Lamoignon de Malesherbes est devenue la
sœur bâtarde et disgraciée des rats de l'Opéra. Livrée aux
mains de gens tout à fait étrangers à la librairie et à l'imprimerie, plus occupés de danse et de peinture que de
commerce, elle végète, elle est oubliée, on ne s'en occupe que lorsqu'on n'a rien de mieux à faire; nous comprenons qu'il est plus agréable de s'occuper de théâtre et
de beaux-arts que de librairie, chose assez fastidieuse et
peu lucrative; mais ce n'est pas une raison pour que nous
n'élevions pas la voix, pour que nous ne demandions pas
que l'on donne à la librairie une *direction* spéciale, que l'on
fasse observer les règlements. Certes notre commerce est
assez productif au budget et assez important (1) pour que
nous obtenions que l'administration s'en occupe. Aucune
industrie n'a autant de ramifications; c'est une planète au-
tour de laquelle gravitent beaucoup de satellites, et lorsque
son éclat pâlit, tout ce qui reçoit d'elle la lumière et la
vie languit et s'éteint. La librairie fait vivre les marchands
de papiers, les imprimeurs, par eux les fondeurs; elle fait
vivre les brocheurs, les relieurs, les pelletiers, les doreurs
et les milliers d'ouvriers que toutes ces industries occupent;
lorsque la librairie va mal, elles se ressentent toutes de
cette gêne.

À Dieu ne plaise que nous voulions nous immiscer dans
les combinaisons actuelles de l'administration; cependant
nous ne pouvons pas nous dispenser, en suivant notre propos, de faire observer deux choses, à savoir que sous l'empire il n'existait pas de ministère de l'instruction publique,
et que, la grande maîtrise de l'université se trouvant au-

---

(1) Importations de la librairie (1845). . 1,290,926 francs.
Exportations. . . . . 6,349,984 —

jourd'hui conjointe avec ce ministère, il semblerait plus normal que la librairie, si on veut la faire revivre, rentrât sous une influence mi-partie ministérielle et universitaire.

Avant d'exposer et de soumettre à nos lecteurs le plan que nous avons conçu ou peut-être rêvé pour arriver au but que nous poursuivons, disons encore un mot des afflictions qui pèsent sur la librairie; on ne peut pas craindre d'en trop charger le tableau, mais il importe de le présenter sous tous ses aspects. Nous avons parlé des livres au rabais, de ceux qui tombent de chute en chute jusque dans les mannes exposées sur les quais, nous en avons dit et déploré la cause; mais nous n'avons pas signalé un autre genre de rabais non moins désastreux pour l'honneur de la librairie et plus coupable, nous n'hésitons pas à le déclarer, puisqu'il est volontaire. Nous avons ici en vue les diverses éditions du même ouvrage à des prix différents. Que si, pour justifier cette différence, on objecte la variété du format, on sera forcé de convenir alors que c'est du papier que l'on vend, et qu'il serait impossible de ravaler plus radicalement la valeur réelle d'une œuvre scientifique ou littéraire. On aura beau couvrir cette sorte de dol du besoin de mettre un bon livre à la portée de toutes les bourses, il n'en sera pas moins vrai que si j'ai acheté un ouvrage en quatre volumes trente francs, et que je le trouve pour cinq francs en un volume compacte, ce que l'on appelle une édition anglaise, je ne m'en croirai pas moins lésé de la différence. Nous savons bien qu'il n'existe aucun recours contre ces sortes de supercheries, mais de quelque manière qu'on les envisage, on ne saurait nier qu'elles tournent toujours, en dernière analyse, au détriment de la librairie, qui n'en peut mais, puisqu'elle ne jouit d'aucun droit qui la sauvegarde collectivement.

On concevrait cependant jusqu'à un certain point que, dans de rares occasions, un éditeur publiât deux éditions du même ouvrage, différentes de caractères, de format et de prix ; mais pour qu'il n'y eût point apparence de fraude vis-à-vis des acheteurs, il faudrait absolument que les deux éditions parussent simultanément, et c'est encore ce à quoi un syndicat de la librairie bien organisé pourrait tenir la main. Il n'y aurait plus alors de rabais proprement dit, comme dans les cas désastreux et malheureusement si fréquents où les mêmes exemplaires, incessamment dépréciés, descendent quelquefois au cinquième de leur valeur primitive. Commençons, si nous le pouvons, par rétablir la moralité au sein de la librairie ; la moralité ramènera la confiance, et avec la confiance viendront de meilleures chances de prospérité pour tous. Nous disons pour tous, et nous insistons sur ce point, car nous ne voulons pas que l'on nous suppose l'idée de séparer nos intérêts de ceux de tous nos confrères sans aucune exception, sans même excepter ceux à l'occasion desquels nous déplorons la composition actuelle du corps de la librairie parisienne. Tous les droits acquis sont sacrés ; acceptons le présent tel qu'il est, avec ses vices ; point d'exclusion de personnes ; seulement travaillons pour l'avenir, à l'aide de réformations graduellement ménagées. Pour être durable il faut que le bien s'opère lentement.

Pour que la librairie reprenne son ancienne splendeur il faut donc du temps ; il importe également que le gouvernement prenne la ferme résolution de la protéger efficacement dans ses tentatives pour renaître d'elle-même ; de la protéger, mais en masse, sans préférences privilégiées ; car c'est plutôt disgracier une corporation tout entière que la favoriser, alors que des faveurs et des encouragements tombent exclusivement sur quelques-uns de ses membres; ce sont les choses et non les hommes, les livres et non les libraires, quelque haut placés qu'ils soient dans notre industrie, qui devraient en bonne justice éveiller la sollicitude d'une autorité vraiment protectrice. Nous ne nous expliquons pas plus clairement sur un sujet aussi délicat à traiter, persuadé que nous serons parfaitement compris, et parce que, d'ailleurs, il nous répugne toujours d'entrer dans des considérations individuelles. Cependant, puisque nous avons relevé un des préjudices que cause l'autorité au corps de la librairie par des protections personnelles et exclusives, nous exposerons encore, avec toute la réserve dont nous faisons profession, un autre usage de l'autorité, et qui nous paraît non moins préjudiciable à la communauté de nos intérêts.

Nous savons parfaitement apprécier la valeur, l'utilité de certains établissements royaux quand on les considère comme des modèles régulateurs de l'industrie exercée dans ces établissements. Les sacrifices du gouvernement, pour arriver à la perfection, sans se préoccuper du prix de la main-d'œuvre, profitent à toutes les industries parallèles en étendant à l'étranger la bonne renommée des produits analogues. Telles sont la manufacture de porcelaine de Sèvres, les Gobelins, la Savonnerie; telle devrait être, mais telle n'est pas précisément l'Imprimerie royale, relevant, nous ne comprenons pas trop pourquoi, du ministère des finances, tandis que toutes les autres imprimeries sont dans les attributions du ministère de l'intérieur.

Sans doute l'Imprimerie royale est un établissement essentiellement utile, nous dirons même indispensable au gouvernement. Il faut que le gouvernement ait des hommes à lui, sur la discrétion desquels il puisse compter pour l'impression de ses projets, de ses circulaires, de tous ceux

de ses actes enfin qui exigent impérieusement le secret ;
mais là ne devraient-elles pas se borner les fonctions d'une
imprimerie royale ? Malheureusement il n'en est pas toujours
ainsi, au grand préjudice de la librairie. Quelle maison particulière pourra soutenir la concurrence si, d'une part,
comme cela arrive trop souvent, le gouvernement fait imprimer pour son compte des ouvrages privilégiés ; si, les
revendant à son profit, il se constitue par là marchand de
livres ; si, d'une autre part, comme les exemples n'en sont
pas rares non plus, il prête bénévolement ses presses à tel
ou tel libraire qu'il lui plaît de favoriser. De pareilles faveurs non-seulement rompent l'égalité des droits de tous et
détruisent la libre concurrence si indispensable à la prospérité de toute industrie, mais elles ont en outre le grave inconvénient d'engendrer des jalousies fondées dans une corporation qui a tant besoin d'union, et de mécontenter le
plus grand nombre, souvent sans satisfaire les élus. Que le
gouvernement utilise la richesse et la variété des caractères
que possède l'Imprimerie royale, qu'il fasse imprimer pour
son compte de splendides ouvrages de luxe pour les donner
ensuite en cadeau comme de glorieux *specimens* de la typographie française, rien de mieux ; nous applaudissons à de pa-
reils actes de munificence. Ce qui nous paraît digne de blâme,
c'est le trafic qui met le gouvernement en rivalité commerciale
avec tous les libraires patentés. Quant à l'usage où est le
gouvernement de prêter ses caractères et ses presses pour
l'impression de quelques ouvrages en faveur de libraires
privilégiés, il ne nous choquerait pas non plus si l'arbitraire
ne présidait pas à la distribution de ces sortes de faveurs ;
si c'était une facilité offerte également à tous les libraires
moyennant un tarif déterminé. Nous n'avons pas besoin, ce
nous semble, de faire observer que nous ne réclamons pas

les honneurs de l'Imprimerie royale pour ces productions sans fonds, sans consistance, sans valeur, qui remplissent les magasins de la librairie vulgaire; c'est seulement pour des ouvrages d'un mérite et d'une importance reconnues dont il ne serait peut-être pas impossible de dresser la nomenclature approximative. Ici, encore, comme toujours, nous avons à déplorer l'absence d'un syndicat dont les lumières seraient capables d'éclairer le gouvernement sur les ouvrages dignes de sa protection spéciale, sans acception d'éditeur.

Tous les hommes, à peu d'exceptions près, se préoccupent de leurs intérêts, et ils doivent le faire; cependant il serait injuste et surtout désolant de penser qu'ils n'ont point d'autres préoccupations. Il existe dans le monde et dans tous les états une noble idéalité que l'on appelle l'esprit de corps. Cet esprit stimule l'émulation sans susciter de rivalité jalouse et engendre les plus grandes choses; mais l'esprit de corps qui attache l'honneur de chacun à l'honneur de tous ne provient pas du hasard et n'a rien de fortuit. Il lui faut des antécédents et par conséquent du temps pour s'établir et se fortifier. A ce sujet, qu'il nous soit permis de prendre un exemple en dehors de la librairie; cet exemple nous ramènera à notre but. Pourquoi, dans les corps de notre armée, que l'on appelle les armes spéciales, tels que l'artillerie, le génie et la marine, existe-t-il un esprit de corps que l'on ne retrouve pas au même degré dans l'infanterie et dans la cavalerie? La raison en est facile à comprendre. Dans ces armes spéciales l'esprit de corps n'est que la continuation d'anciennes habitudes de camaraderie formées au sein d'études communes, dans la saison la plus généreuse de la vie, quand les mauvaises passions n'ont pas encore flétri le cœur de l'homme. On ne se trouve pas alors, on se retrouve sur le même bâtiment, à la même batterie, sur la même tranchée, et nul ne veut abdiquer cette heureuse solidarité de la jeunesse, conçue, soit à l'école navale de Brest, soit à l'école polytechnique. Ne dédaignons pas les pépinières, et reconnaissons la nécessité des études spéciales pour tous ceux qui veulent suivre honorablement une carrière spéciale.

Reconnaissons encore qu'il existe deux sortes d'études, ou, si on l'aime mieux, deux degrés d'études : le premier degré, qui appartient à l'homme et qui doit être commun à tous les hommes qui ne veulent pas vivre dans l'ignorance ; le second degré, qui appartient à l'état auquel on se destine et qui forme comme un stage d'application dans l'ensemble des études. Il en est ainsi pour tous les états civils dont l'exercice a pour point fondamental la connaissance du droit ; pour la médecine et la chirurgie ; pour les ingénieurs des mines et des ponts et chaussées ; pour la pharmacie. Chacune de ces conditions possède non-seulement ses écoles spéciales préparatoires, mais en outre ses écoles d'application, soit au palais de justice, en suivant les séances des cours et des tribunaux, et dans les études des notaires et des avoués, soit dans les hôpitaux. Pour les aspirants, après l'étude, commune à tous, marchent simultanément la pratique et la théorie ; et comme les patrons des clercs, aussi bien que les chefs de la science médicale, chirurgicale et pharmaceutique, ne sont arrivés où ils sont qu'après des études prescrites par la loi et légalement constatées, il s'ensuit nécessairement qu'ils exigent de leurs disciples et de leurs subordonnés des connaissances analogues à celles qu'eux-mêmes ils avaient acquises durant leur noviciat. Nous retombons de haut si de là nous jetons les yeux sur le pêle-mêle sans ordre et sans frein au milieu duquel s'agite la librairie ; et qui ne sait que l'agitation

n'est pas le mouvement?... Non! il ne nous semble pas possible qu'un gouvernement sage, éclairé, ami de l'ordre,
puisse laisser plus longtemps la librairie se débattre dans
son agonie sans lui tendre une main protectrice, sans, du
moins, répandre dans son sein des germes régénérateurs!
Non! la librairie ne peut pas lui paraître une institution
d'assez peu d'importance, dans l'état actuel de la société,
pour qu'il assiste, sans s'en émouvoir, au spectacle de sa
ruine et de sa déconsidération! Si nous pouvions faire par-
tager nos convictions, qui n'ont rien de récriminatoire dans
leur expression, nous oserions encore espérer pour l'avenir; car, nous ne saurions trop le répéter, c'est en faveur
de l'avenir que nous sollicitons.

Il est encore une considération générale que nous ne devons pas passer sous silence, en ce qu'elle se rapporte directement à l'imprimerie et indirectement à la librairie. Nous
voulons parler de l'espèce de révolution qui s'est opérée
dans les arts mécaniques, et, pour rentrer dans notre thème,
de l'invention des presses mécaniques et de leur application
toujours croissante. En cela, y a-t-il progrès? Nous ne le
contesterons pas, mais nous n'accorderons pas qu'il y ait
perfectionnement. On imprime plus vite, et, par conséquent, à meilleur marché, mais on imprime moins bien.
C'est une chose prodigieuse que ces instruments sur lesquels
le papier voltige et reçoit l'empreinte des caractères avec une
incroyable rapidité; mais, encore un coup, ce n'est pas à
l'aide de ces procédés, si merveilleux qu'ils soient, qu'il
serait possible de confectionner des éditions durables pareilles aux vieilles éditions qui font encore aujourd'hui la
gloire de l'ancienne librairie française, considérée seulement
sous le rapport de l'exécution matérielle. Or, si le progrès
dans la rapidité de la fabrication ne peut pas être un avan-

tage pour la bonne librairie, ce sera nécessairement un dés-
avantage pour elle. La concurrence lui deviendra d'autant
plus meurtrière avec les éditeurs d'ouvrages de mode, de
caprice, sans valeur, que ceux-ci, profitant sans inconvénient
des procédés économiques, et la librairie sérieuse ne le pouvant faire elle-même pour ses livres de fonds, la surcharge
de ses dépenses fera pencher la balance à son détriment sans
que les acheteurs lui en tiennent compte. Nous pourrions
étendre ces considérations sur la fabrication à bon marché
des papiers à la mécanique, sur la différence du prix des
papiers à employer pour les éditions de l'une et de l'autre
librairie; mais ce serait à n'en pas finir si nous ne nous ré-
signions pas à des omissions volontaires. Par cette raison,
nous parlerons ici, seulement pour mémoire, d'une autre
calamité qui afflige la librairie française : la contrefaçon de
ses produits à l'étranger. La question est trop grave, a trop
de ramifications pour qu'il soit possible de la traiter acci-
dentellement, et cependant elle rentre trop essentiellement
dans notre sujet pour que nous puissions nous abstenir de
la mentionner. Cette question ne nous suggérera toutefois
que de très-courtes observations, les seules qui nous paraissent indispensables. Toute contrefaçon est un acte de mons-
trueuse immoralité, un vol international qu'accepte l'incurie des gouvernements dont les sujets en sont lésés ; nous
ne pensons pas qu'il y ait deux manières d'envisager la
chose, et si nous connaissions des termes plus acerbes pour
la caractériser, nous nous en servirions. Nous ne pouvons
pas cependant étouffer la voix de nous ne saurions dire quel
sentiment de justice qui nous dit que la contrefaçon est
trop souvent alléchée par des appels frauduleux. On contre-
fait peu les bons ouvrages bien et consciencieusement édi-
tés, mais on conçoit que la tentation soit forte quand on

peut renfermer en un seul volume une œuvre que l'insatiable avidité des libraires spéculateurs a disséminée en trois ou quatre volumes. On porte alors la peine de sa faute, et, pour nous servir d'une expression proverbiale, on est puni par où l'on a péché. A coup sûr nous ne nous faisons dans aucun cas les défenseurs de la contrefaçon, mais nous persistons à penser que le meilleur remède à la plaie de la contrefaçon serait de ne pas laminer un ouvrage pour lui faire rendre le plus de volumes possibles, de ne pas vendre des pages blanches, et de faire en même temps deux éditions, dont l'une à très-bon marché ne dépasserait pas le prix auquel pourrait arriver l'édition contrefaite ; quelques libraires emploient ce moyen et s'en trouvent bien.

Abordons actuellement les remèdes à appliquer à tant de maux, sinon pour les guérir radicalement, du moins pour les cicatriser et en prévenir la recrudescence dans l'avenir. Et d'abord félicitons-nous, au milieu des désastres moraux et matériels qui accablent la librairie parisienne, de ce que, malgré un si long abandon, malgré une absence aussi prolongée de bons règlements, elle compte encore aujourd'hui dans son sein un assez bon nombre d'hommes capables, également recommandables par leur instruction, leur mérite personnel et leur stricte probité. Malheureusement ce ne sont que des individus disséminés, étouffés dans la foule. Nous n'avons pas besoin de les consulter pour être certains qu'ils gémissent comme nous sur la décadence, sur l'avilissement d'une profession dont ils conservent individuellement le vieil honneur traditionnel. Parmi eux, cependant, se trouve le noyau d'un excellent syndicat que nous voudrions voir reconstituer préalablement, car alors nous serions heureux de soumettre à son jugement et les plaintes et les vœux que nous adressons avec confiance au bon vouloir de l'autorité, à la librairie de Paris et de toute la France, au public éclairé.

Parmi ses anciens directeurs généraux, la librairie dut compter avec une juste fierté Lamoignon de Malesherbes; nous rappelons ce fait pour enseigner à ceux qui l'ignorent en quelle estime fut autrefois notre corporation, et pour démontrer en même temps qu'aucun homme d'Etat ne dérogerait à ses plus hautes fonctions en refaisant l'œuvre dont Lamoignon de Malesherbes ne dédaigna pas d'être le conservateur. Il y aurait même, ce nous semble, une belle place à prendre dans l'opinion des générations bientôt appelées à recueillir les fruits d'un pareil bienfait.

Avant d'exposer ce que pourrait faire, selon nous, une bonne administration qui prendrait à cœur la restauration de la librairie, et quelque pressé que nous soyons de toucher à ce but, il nous paraît cependant essentiel de combler une lacune qui laisserait à notre travail quelque chose de trop incomplet. N'importe-t-il pas, en effet, de savoir en quelles catégories la librairie se subdivise d'elle-même, selon la nature des travaux et des spéculations auxquels s'adonnent les membres qui la composent?

La librairie parisienne se divise en quatre classes distinctes les unes des autres; nous allons les énoncer sans avoir la prétention de leur assigner à chacune un rang. Toutefois, commercialement parlant, peut-être devrions-nous citer en première ligne la classe des libraires éditeurs, comme mettant en mouvement une plus grande masse de capitaux; comme étant la Providence des imprimeries et des fabriques de papier qui végéteraient sans elle; comme étant encore la source alimentaire des trois autres classes de la librairie, soit dans le présent, soit dans l'avenir. Peut-être, si nous nous déterminions par des considéra-

tions de savoir et d'étude, ne refuserions-nous pas la su-
prématie à la classe de libraires qu'en Angleterre, en Allemagne, on appelle les libraires antiquaires, ceux qui
font le commerce de la vieille librairie ; mais nous crain-
drions que l'on nous accusât d'être trop préoccupés de nos
propres études et de nos propensions personnelles. Sans
doute il faut au libraire éditeur des connaissances solides
et variées ; un certain tact, un certain goût, qui l'empê-
chent de se fourvoyer dans ses opérations, en le mettant
à même d'apprécier la valeur des manuscrits dont l'ex-
ploitation lui est offerte ; il lui faut surtout, dans l'intérêt
des mœurs, du public et du gouvernement, des principes
de moralité capables de lui faire rejeter même des bénéfices considérables et certains, si un auteur présente à
sa complicité un de ces ouvrages subversifs, immoraux
ou impies, que la main du bourreau brûlait autrefois au
bas du grand escalier du palais. Cependant, sans diminuer
la somme des connaissances et des qualités morales indispensables au libraire éditeur, il nous semble que si les
mêmes qualités, les mêmes connaissances ne sont pas
moins nécessaires au libraire antiquaire, il faut, en outre,
à ce dernier une infinité d'autres connaissances toutes spéciales et qui ne s'acquièrent qu'à la suite d'études assidues
et positives et d'une longue expérimentation. Nous revien-
drons tout à l'heure à la position qu'occupent et que
doivent occuper dans la librairie les libraires antiquaires ;
disons en attendant quelques mots des deux autres classes
de libraires, dont il nous reste à parler. Ce sont les libraires détaillants, et enfin ceux que nous voudrions pouvoir appeler autrement que les libraires brocanteurs.

Les libraires détaillants, et nous en pourrions citer
beaucoup d'honorables exemples, peuvent être des hommes

fort instruits et bien posés dans le monde commercial. Intermédiaires entre la librairie qui produit et les consommateurs, leurs fonctions ne seraient pas sans quelque analogie avec celles des agents de change dans les opérations de bourse, s'ils se bornaient strictement à faire le détail moyennant un droit de vente, ou bien à recevoir des livres en dépôt à la condition de les vendre ou de les restituer dans un temps donné à l'éditeur dépositaire. Dans ce cas, avec la perspective de moindres bénéfices, il est vrai, ils se trouveraient à l'abri des mauvaises chances; mais, malheureusement pour la librairie, ce n'est que bien rarement qu'ils se renferment dans cette prudente réserve. Voici, au contraire, comment les choses se passent le plus habituellement.

Depuis longtemps, et en disant cela nous n'avons la prétention de l'apprendre à personne, la critique étant morte, on ne juge plus les ouvrages quand ils ont paru ; on les prône d'avance, sur l'étiquette du sac ou sur le nom de l'auteur, et voilà peut-être pourquoi tant de livres jouissent, par anticipation, d'une brillante renommée, dont l'éclat se ternit dès le lendemain de leur apparition. Ainsi, quand un libraire adroit, ayant bien dirigé les évolutions de l'annonce préventive, met en vente un de ces ouvrages prônés d'avance, les libraires détaillants en achètent ordinairement pour leur propre compte un nombre plus ou moins considérable d'exemplaires, qu'ils revendent à leurs risques et périls. Le libraire éditeur, pressé de rentrer dans ses déboursés, et, s'il y a lieu, de réaliser des bénéfices, accorde au libraire détaillant, outre l'avantage d'un treizième exemplaire par chaque douzaine, et quelquefois plus, une remise ordinairement graduée selon le montant de la vente. Vendeur et acheteur, chacun a fait son calcul de son côté, et nous n'avons rien à y voir en ce qui les concerne; mais quelle confusion, quelle anarchie peuvent cependant en résulter dans le corps de la librairie! Si l'édition se vend bien et promptement, tout est pour le mieux dans la meilleure des librairies possible; mais les choses ne tournent pas toujours ainsi. D'abord le premier effet de la revente par les libraires détaillants est de déprécier la valeur nominale des exemplaires restés entre les mains de l'éditeur. Pour le démontrer, faisons une supposition dans des proportions restreintes.

Deux libraires ont souscrit, l'un pour une douzaine, l'autre pour deux douzaines d'exemplaires, à un ouvrage en deux volumes, coté quinze francs. L'un a reçu livraison de treize exemplaires, l'autre de vingt-sept. Ces sortes de conventions ont lieu journellement. Quel en est le résultat obligé? D'abord les deux libraires ne sont déjà plus, l'un vis-à-vis de l'autre, sur un pied d'égalité, le second ayant le prix d'un exemplaire de remise à répartir sur huit exemplaires seulement, tandis que le premier doit répartir sur douze le prix d'un seul exemplaire. Ainsi le second peut réaliser des bénéfices proportionnellement égaux, en revendant moins cher que le premier; ainsi tous les deux primeront nécessairement le libraire éditeur et le contraindront moralement, soit à les suivre sur la pente ruineuse de la dépréciation, soit à garder ses livres en magasin.

On voit quelquefois des libraires vendre au-dessous du prix de revient, se contentant du bénéfice plus que minime du 13ᵉ. Les acheteurs, tout en profitant du bon marché, font des réflexions qui ne sont pas toujours honorables pour le vendeur.

Nous venons de raisonner dans l'hypothèse où une édition s'écoule à peu près convenablement; que sera-ce donc

si nos suppositions s'appliquent à un succès complétement
négatif? Comme on a voulu dans le premier cas réaliser le
plus promptement possible des bénéfices, dans le second cas
on s'empressera, par la même raison, de se débarrasser au
plus vite d'une marchandise reconnue sans valeur, afin de
perdre dessus le moins possible ; on se console en se disant
comme Sancho : N'est pas marchand qui toujours gagne,
tandis que l'on devrait se dire : N'est pas libraire qui porte
la déconsidération et la mort au sein de la librairie. C'est
alors que commence le brocantage au rabais de la qua-
trième classe de la librairie, dans laquelle on trouverait,
sans trop chercher, de prétendus libraires qui seraient fort
embarrassés si, pour vendre des livres, on était obligé de
les lire soi-même.

Il y a encore les libraires commissionnaires ; mais pour
la plupart d'entre eux le commerce de la librairie se borne
à un commerce de transit, à acheter les livres et autres
marchandises qui leur sont demandées par leurs corres-
pondants. L'organisation de la librairie quelle qu'elle soit
ne doit pas influer d'une manière sensible sur leurs opérations.

Détournons cependant nos yeux de toutes ces misères ;
elles s'effaceront successivement à dater du jour où le gouvernement voudra restituer à la librairie, avec des règlements
qui n'aient rien d'illusoire, un syndicat investi de pou-
voirs qui le rendent capable de les faire observer. Pourquoi
d'ailleurs, si une pareille réunion d'hommes de conscience
et de mérite paraissait de nature à causer le moindre om-
brage au gouvernement, pourquoi n'aurait-il pas dans le
sein même du syndicat un commissaire royal à sa nomi-
nation, ayant droit d'assister aux séances? Nos sollicita-
tions, il en faut convenir, sont d'un ordre assez nouveau :

la librairie demande à offrir plus de garanties que l'on en exige d'elle.

Revenons maintenant à la librairie antiquaire; nous avons prévenu nos lecteurs qu'il nous restait quelque chose à en dire. Cela nous amènera tout naturellement à traiter sommairement l'importante question des ventes publiques de livres. Commençons même par nous occuper de ces ventes puisqu'elles prennent le pas dans le cours de nos idées. Selon nous, l'usage en est souvent abusif, en ce sens que les ventes sortent des bornes qui devraient leur être prescrites. Si nous ne nous trompons, les ventes publiques de livres, comme la vente à l'encan de toute autre marchandise, ne devraient avoir lieu qu'après décès ou par suite d'un jugement de saisie immobilière. Au lieu de cela, on s'en fait une voie d'écoulement pour des livres qui restent en magasin. En bonne conscience, la vente à l'encan ne doit pas être considérée comme une action commerciale. Ce mode de vente, quand il devient trop fréquent par l'abus qu'on en fait, offre en outre un inconvénient nuisible à l'écoulement des bons livres que les libraires antiquaires ont dans leur librairie. Les amateurs s'adressent rarement à eux, se figurant qu'ils seront mieux servis dans les ventes et qu'ils y achèteront à meilleur marché. Ils s'y trompent souvent, entraînés par le caprice irréfléchi de la surenchère. Nous avons vu des amateurs payer un livre trois et quatre fois plus cher dans une vente que dans un magasin et de sang froid. L'entraînement des enchères, le feu roulant des surenchères et, il faut bien l'avouer, un peu la vanité de payer plus cher qu'un autre, d'enlever à un rival un livre longtemps désiré, tout cela fait bien faire des folies, et devrait rendre les amateurs plus difficiles pour acheter eux-mêmes dans les ventes; joignez à cela le désagrément

d'être obligé de garder un ouvrage incomplet si l'on n'a
pas eu le temps de l'examiner immédiatement et de ne
pouvoir pas collationner assez soigneusement les livres
avant la vente. Au lieu de s'exposer à tous ces désagré-
ments, parmi lesquels nous ne comptons pas ces concur-
rents imaginaires que leur suscitent le crieur ou le vendeur, les amateurs devraient, dans leur intérêt, n'acheter
que dans les magasins; là ils ne pourraient être trompés,
ils auraient le loisir d'examiner, de réfléchir, de discuter
ses prix, et auraient une garantie perpétuelle contre les
imperfections rédhibitoires de ce qu'ils achètent. Un libraire consciencieux reprend toujours un livre qu'il a vendu
défectueux sans le savoir, quelque éloignée que soit l'époque
de la vente; un commissaire-priseur ne le reprend plus au
bout de quarante-huit heures. N'est-il pas d'ailleurs évident
que, outre le prix du livre, qu'ils ont poursuivi dans une
vente, les amateurs ont encore à payer des frais qui, tout
compris, s'élèvent au moins à dix pour cent, dont la moitié
revient au fisc, et qui bien souvent influe sur le prix des
commissions.

Si, maintenant, on veut bien examiner la nature des
frais exorbitants qui nuisent à la vente des livres, tout le
monde, nous en sommes sûrs, conviendra qu'il y a là un
vice qu'il serait urgent et facile d'extirper. Qui le croirait?
la vente des livres, même les plus rares, même ceux dont
il est si difficile d'apprécier la valeur, ne se peut pas opé-
rer sans l'intervention d'un officier ministériel, comme
s'il s'agissait de meubles, de vieux linge, d'ustensiles de
ménage! Leur assistance, complétement inutile, n'en grève
pas moins le montant des ventes d'un droit qui, légalement, ne devrait être que de six, et qui s'élève quelquefois à
plus de dix pour cent. A quoi sert en effet l'intervention des

commissaires-priseurs dans la vente des livres? Absolument à rien. Ne pouvant pas avoir fait les études spéciales, indispensables pour déterminer le prix des livres, ils sont dans la nécessité de s'en remettre à des libraires expérimentés, tant pour la confection des catalogues que pour présider à la direction d'une vente. Ceux-ci, de leur côté, perçoivent naturellement une rétribution, un droit de tant pour cent; mais ce droit est légitime, puisqu'il est le prix d'un travail ardu, difficile, et que peu de libraires, même les plus instruits, sont capables de bien faire; car il y faut de l'habitude et une certaine aptitude particulière, et une instruction très-variée.

Mais, dira-t-on peut-être avec toute apparence de raison, les commissaires-priseurs sont investis d'une charge qui les rallie à l'administration; ils n'exercent point à titre gratuit; le gouvernement exige d'eux un cautionnement; leur intervention constate la légalité des ventes. Tout cela est parfaitement vrai; mais il ne s'agit pas ici des intérêts d'une corporation, pas plus de ceux des libraires que de ceux des commissaires-priseurs; il s'agit uniquement des intérêts du public, qui se compose d'acheteurs et de vendeurs, auxquels, dans aucun cas, il ne peut être juste de faire supporter un double droit. Quant à la question du cautionnement et de la légalité des ventes, peu de mots suffiront pour la résoudre. Pourquoi le gouvernement n'instituerait-il pas un certain nombre de libraires-priseurs, exclusivement préposés à la vente des livres? Ces libraires-priseurs, choisis parmi les libraires antiquaires les plus capables, seraient astreints à déposer un cautionnement pour la garantie de leur gestion; leurs travaux, à l'occasion des ventes, seraient précisément ce qu'ils sont aujourd'hui; seulement ils agiraient sous leur propre responsabilité, et le commerce des vieux livres se trouverait déchargé d'un droit exorbitant, droit inutilement onéreux puisqu'il n'est la récompense que de vaines formalités. Pourquoi ne ferait-on pas en France ce qui existe en Angleterre? Citons un seul exemple. La bibliothèque de Charles Nodier était peu volumineuse; la vente de ses livres s'éleva à près de cinquante mille francs. Il y eut donc environ mille écus enlevés par un droit abusif à la succession de l'un des plus savants et des plus judicieux amateurs de livres que nous ayons connu. Comme nous, de son vivant, il déplorait la ruine de la librairie.

Le commerce des vieux livres est une chose autant en dehors du commerce de la librairie courante, que le commerce de la librairie en général est lui-même en dehors de tous les autres commerces. Tenant à toutes les sciences, à toutes les langues mortes et vivantes, à toutes les époques, à toutes les nations civilisées, nous serions tenté de dire que le commerce des vieux livres constitue à lui seul une science composite dans laquelle il doit entrer un peu de toutes les connaissances humaines. C'est donc surtout pour s'y livrer qu'il importe d'avoir fait ces premières et fortes études, commencées dès l'enfance, et sans lesquelles l'intelligence n'arrive que bien rarement à son développement complet. Les connaissances spéciales qu'il exige ont pour base le grec, le latin, l'anglais, l'allemand et l'italien. Quelle idée peut donner de lui un libraire expert qui, devant un public nombreux et composé d'amateurs et de lettrés, ne sait pas lire un titre grec, vous écorche les oreilles en lisant un titre latin et le rend inintelligible à force de barbarismes. C'est surtout pour faire un bon libraire antiquaire que les études préliminaires et universitaires sont nécessaires; sans ces études le libraire antiquaire ressemble à un épicier qui achèterait une pharmacie et vendrait les médicaments sur l'étiquette du bocal, sans pouvoir raisonner du contenu : c'en est, que l'on nous passe cette expression, la nourriture; mais cette nourriture a besoin d'être bien digérée, d'être incessamment appliquée aux auteurs anciens ou étrangers, à la connaissance, non-seulement des diverses éditions de leurs œuvres, mais quelquefois même de tel ou tel exemplaire appartenant à la même édition. Sans cela, comment dresser un catalogue? comment déterminer la valeur approximative des livres? Souvent un accident, la moindre circonstance, un rien donne à un livre une valeur capricieuse que le pareil n'a pas. Ainsi, par exemple, de deux exemplaires jumeaux du même ouvrage l'un vaudra trois et quatre fois autant que l'autre, si un mot, un signe, indique qu'il a appartenu à tel ou tel homme célèbre. Et les annotations marginales! Enfin, qui ne connaît la fameuse historiette de l'Elzévir à la faute? Les mathématiques ont leurs récréations ; toutes les sciences ont leurs puérilités.

La librairie anglaise et la librairie allemande possèdent dans leur sein des hommes profondément versés dans la science des vieux livres, et cette science, qui paraît ingrate aux yeux de ceux qui l'ignorent, porte cependant en elle un charme aussi puissant que naïf, dont elle favorise seulement ses adeptes. Sous le rapport de cette science, la librairie française domina longtemps toutes les librairies de l'Europe; depuis sa décadence, les Anglais et les Allemands nous ont devancés, mais nous avons à notre disposition assez d'éléments réparateurs pour reconquérir notre vieille supériorité. Combien de ressources, pour l'étude de la librairie ancienne, renferment nos incomparables bibliothèques! N'y aurait-il par là un lieu de stage excellent pour un nombre déterminé de jeunes gens qui, munis d'un certificat attestant qu'ils ont suivi tous les cours de l'université et le diplôme de bachelier ès lettres à la main, se présenteraient au ministre de l'instruction publique en lui déclarant l'intention de suivre la carrière de la librairie. N'exige-t-on pas aujourd'hui le baccalauréat ès lettres pour des fonctions scolastiques d'un degré inférieur. N'est-il pas vrai en même temps que l'influence exercée par la librairie sur la société tout entière est d'une bien autre portée que celle qui résulte d'un enseignement toujours borné, toujours renfermé dans un cercle étroit?

Que faudrait-il faire pour ces jeunes gens destinés à reconstituer avec le temps le corps de la librairie? En admettre douze chaque année; les attacher aux bibliothèques à titre d'élèves en librairie avec un traitement. La durée de leur stage étant fixée à trois ou quatre ans, le budget se trouverait surchargé annuellement de 12,000 fr. à peu près, somme bien minime si on la compare aux avantages de toutes sortes qui en résulteraient insensiblement et sans froisser aucun droit existant.

Dans les bibliothèques, les élèves en librairie apprendraient seulement la science des livres et non pas le commerce des livres qu'il importe également de connaître pour être un bon libraire; cela est vrai; mais ne seraient-ils pas recherchés préférablement à tous autres pour être commis dans les meilleures librairies, et par là ne se trouveraient-ils pas exactement dans la position de la plupart des clercs de notaires et d'avoués qui suivent les cours de l'école de droit, sans négliger les travaux de l'étude.

En moins de dix ans, une pareille faveur accordée par le gouvernement à la librairie commencerait à porter ses fruits. Nous ne prétendons pas cependant qu'il faille interdire l'état de libraire à tous les candidats non admis à faire leur stage dans une bibliothèque, pourvu qu'ils ne puissent obtenir leur brevet de libraire que sur l'avis de la chambre syndicale, bien réorganisée, et toujours moyennant leur admission préalable au baccalauréat. Il résulterait d'ailleurs de cette différence dans les études d'application que les membres du même corps se repartiraient naturellement et d'eux-mêmes dans les trois classes honorables de la librairie. Quant à celle qui en est le fléau, elle tendrait nécessairement à s'éteindre ou à se diminuer considérablement par la disparition graduelle des éléments vicieux qui alimentent son indigne commerce.

Vraiment, à voir la librairie telle qu'elle est aujourd'hui, l'on croirait voir un malade, couvert de plaies de la tête aux pieds, et sur lequel l'œil investigateur du médecin découvre partout des causes de mort. Nous oubliions les étalages : certainement il faut des étalages, certainement ils sont nécessaires; mais ne serait-il pas temps de régler, de les soumettre à de certaines conditions, ne devrait-on pas les empêcher de faire une concurrence ruineuse aux libraires en boutique; ils n'ont pas, comme ces derniers, une forte patente, des impositions, un fort loyer, des employés à payer; par conséquent, ils peuvent faire la guerre à armes inégales, puisqu'il leur est permis d'avoir les mêmes livres. Nous connaissons des étalages qui ont plus de livres et des livres d'un prix plus élevé que beaucoup de libraires en boutique; pourquoi ne reviendrait-on pas à l'ancien règlement qui défendait d'exposer dans les étalages des livres au-dessus de 20 sous, et qui réglait leur longueur. Ceux qui seront assez riches pour acheter des livres chers devront payer le tribut de leur richesse et se ranger dans la classe des libraires en magasin : nous ne saurions trop le redire, nous voulons la conservation de ce qui existe, nous ne voulons rien détruire, nous voulons seulement une réorganisation, une régularisation.

Ici comme toujours nous avons à déplorer l'insouciance pour les intérêts de notre commerce, et l'incurie de l'administration qui, à la sollicitation de quelques travailleurs besogneux et habitués à monter leurs bibliothèques sur les quais, laisse inexécutés les règlements existants, comme si le premier devoir d'une bonne administration n'était pas de faire respecter et exécuter la loi.

Rétablissons d'abord les bases du vieil édifice, les hommes viendront spontanément, capables de le reconstruire et de lui rendre son ancien lustre, mais il importe avant tout, d'en déblayer les abords en faisant disparaître ces myriades de libraires marrons, et qui sont à la librairie ce que furent longtemps de misérables échoppes aux palais du Louvre et des Tuileries. Sous la protection bienveillante du gouvernement, une chambre syndicale fera le reste.

Mahul. Annuaire nécrologique, ou Complément annuel de
toutes les biographies. *Paris*, 1821, 23, 24, 25, 26 et 27,
2ᵉ partie. 7 vol. in-8, avec portr. Au lieu de 40 fr.   4 fr.
Chaque volume se vend séparément.   1 fr.

Manne (M. de). Nouveau recueil d'ouvrages anonymes et
pseudonymes. *Paris*, Gide, 1834. 1 gros vol. in-8, br.,
couv. impr.   2 fr. 50 c.

Pougens (Charles). Mémoires et souvenirs. *Paris*, Fournier,
1834. In-8, br.   1 fr.

Puckler Muskau. Lettres posthumes sur l'Angleterre, l'Ir-
lande, la France, la Hollande et l'Allemagne, trad. par
Cohen. *Paris*, Fournier, 1836. 2 vol. in-8 de 50 feuill.
    2 fr.

— Lettres et Journal de voyage, extraits des papiers d'un
défunt (voyage en Europe). *Paris*, Fournier, 1836. 2 vol.
in-8 de 46 feuilles. Au lieu de 15 fr.   2 fr.

— Chroniques, lettres et journal de voyage, extrait des
papiers d'un défunt (voyage en Afrique). *Paris*, Fournier, 1837. 3 vol. in-8 de 70 feuill. Au lieu de 22 fr. 50 c.
    3 fr.

Quérard (J.-M.). Les Auteurs déguisés de la littérature
française au xixᵉ siècle. *Paris*, 1845. Gr. in-8, br.
    1 fr. 50 c.

Toiles peintes, ou Tapisseries de Reims, texte par Louis
Pâris, planches par Leberthais. *Paris*, 1843. 2 vol. in-4,
et atlas in-fol. de 32 planches. Au lieu de 75 fr.   25 fr.

Virgile complet, trad. en 6 langues : en vers français, par
Delille et Tissot; en vers espagnols, par Guzman, Vé-
lasco et Luis de Léon; en vers italiens, par Arici et An-
nibal Caro; en vers anglais, par Dryden et Warton; en
vers allemands, par Woss (texte en regard d'après Heine).
Paris, 1838. Gr. in-8, pap. vél., br. Au lieu de 75 fr.
    25 fr.

Voltaire. Collection de 160 gravures dessinées par Moreau,
pour l'édit. Renouard.   10 fr.
Belles gravures, pouvant servir à illustrer toutes les éditions in-8 et
grand in-12.